GRÜNE SMOOTHIES

Vitalstoff-Power aus dem Mixer

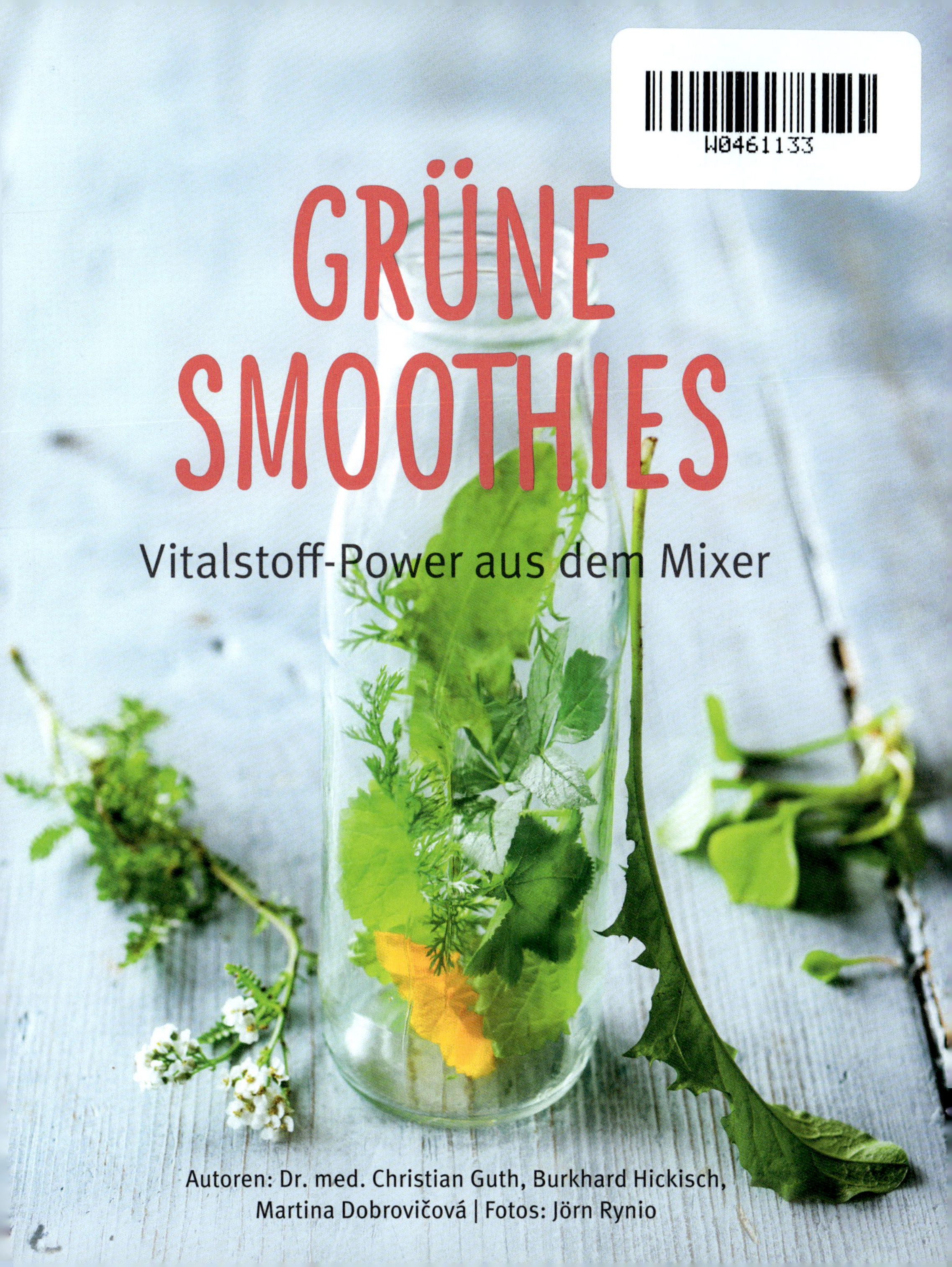

Autoren: Dr. med. Christian Guth, Burkhard Hickisch,
Martina Dobrovičová | Fotos: Jörn Rynio

INHALT

TIPPS UND EXTRAS

WAS SIND GRÜNE SMOOTHIES?

Grüne Blätter sind das beste Lebensmittel, das wir kennen. Im grünen Smoothie können wir sie in ihrer ganzen Vielfalt genießen.

GRÜNE WUNDERWIRKUNG

Fruchtsmoothies kennt inzwischen jeder: Sie sind überall erhältlich und wegen ihres fruchtig-süßen Geschmacks und des angenehmen Mundgefühls allgemein beliebt. Die revolutionäre Neuheit bei den grünen Smoothies besteht darin, dass sie nicht nur frische Früchte, sondern darüber hinaus die besonders vitalstoffreichen grünen Blätter enthalten. Sie werden schnell merken, wie die wertvollen Inhaltsstoffe aus dem Pflanzengrün Ihr Wohlbefinden, Ihre Fitness sowie Ihr allgemeines Wohlbefinden spürbar verbessern. Durch die Kombination von Pflanzengrün und Früchten enthalten grüne Smoothies praktisch alle Vitalstoffe, die der Mensch braucht.

WORAUF KOMMT ES AN?

Wichtig ist, dass Sie Ihren grünen Smoothie immer frisch aus hochwertigen Zutaten aus biologischem Anbau zubereiten und gleich genießen. So kommen Sie in den Genuss aller wertvollen Inhaltsstoffe, die zum Teil flüchtig sind und bei längerer Lagerung immer mehr abnehmen.
Experimentieren Sie nach Herzenslust! Das Pflanzengrün stellt ein Füllhorn an gesundheitsfördernden Stoffen dar, das unzählige Variationen ermöglicht. Achten Sie daher darauf, dass Ihr Smoothie immer mindestens zur Hälfte aus grünen Blättern besteht. Der grüne Smoothie kann täglich in beliebiger Menge getrunken werden.

DIE VORTEILE DES GRÜNEN SMOOTHIES

Der grüne Smoothie ist ruck, zuck fertig. Inklusive Abwasch dauert es nur wenige Minuten bis die fertige Trinkmahlzeit auf dem Tisch steht! Das macht sogar Kochmuffeln Spaß, die sich sonst nie in die Küche wagen. Es entstehen kaum Abfälle, weil Schalen, Kerne, Strünke und Stiele meist mitverwendet werden. Und weil grüne Smoothies so vielseitig sind, halten auch frische Wildkräute und sogar die leckeren jungen Blätter von Bäumen und Sträuchern Einzug in die tägliche Ernährung.

POWER-DRINK FÜR DIE GESUNDHEIT

Natürliche Gesundheitsvorsorge mit dem günen Power-Drink: So gelingt es ganz leicht, den Körper auf natürliche Weise mit Vitalstoffen zu versorgen.

VITALSTOFF-POWER PUR!

Der grüne Smoothie ist das beste Nahrungsmittel, um gesund, fit und leistungsfähig zu bleiben. Der Grund: Grüne Blätter haben nachweislich den mit Abstand höchsten und vielfältigsten Vitalstoffgehalt aller Lebensmittel. Diese geballte Nährstoffpower stärkt das Wohlbefinden, macht ausgeglichen und leistungsfähig und hält den Körper jung. Durch seine Fülle an Vitaminen und Mineralien stärkt der grüne Smoothie unser Immunsystem so nachhaltig, dass wir allgemein gesünder und besonders in der kalten Jahreszeit nicht mehr so anfällig für Erkrankungen sind.

ANTI-AGING AUS DEM GLAS

Ein wesentlicher Bestandteil ist der grüne Pflanzenfarbstoff Chlorophyll, ein wahres Wundermittel, das »flüssiges Sonnenlicht« und geballte Lebensenergie in die Zellen bringt und sie so zur Erneuerung anregt. In Zusammenarbeit mit hochkonzentrierten Antioxidantien, die die freien Radikale neutralisieren, sorgt Chlorophyll dafür, dass wir uns jung und fit fühlen – und auch so aussehen. Weitere Bestandteile wie die biogenen Amine schenken gute Laune und Optimismus und der hohe Ballaststoffgehalt regt die Verdauung an. Der grüne Smoothie wirkt ausgleichend und fördert einen erholsamen Schlaf. Zudem ist er ein wunderbares Mittel zum Abnehmen, da er zwar eine hohe Vitalstoffdichte aufweist, aber nur wenige Kalorien enthält. Das vertreibt die Lust auf ungesunde Dickmacher, zügelt den Appetit und trägt dazu bei, dass der Kalorienbedarf insgesamt sinkt. Für den gesunden Muskelaufbau liefert der grüne Smoothie essentielle Aminosäuren und ungesättigte Fettsäuren in Hülle und Fülle und ist auf diese Weise die perfekte Ergänzung zu jedem Fitnesstraining. Durch seine hohe Konzentration an sekundären Pflanzenstoffen, Spurenelementen und Mineralien steigert der grüne Smoothie unsere Lern- und Leistungsfähigkeit. Schüler und Studenten profitieren daher besonders von ihm.

GRÜNE-SMOOTHIES-BASISWISSEN

Aller Anfang ist leicht. Sie brauchen nur eine Handvoll Früchte, grüne Blätter und einen Power-Mixer. Fügen Sie noch etwas Wasser hinzu – und schon geht es los!

Der grüne Smoothie ist ein Naturprodukt aus rein pflanzlichen Zutaten, das uns optimal mit Lebensenergie und Vitalstoffen versorgt. Sein Wert richtet sich nach der Qualität der verwendeten Lebensmittel. Wichtige Kriterien sind Frische, Reife und biologische Rohkostqualität aus dem Bioladen, dem eigenen Garten, der freien Natur und dem Rohkost-Shop im Internet. In der Stadt kann der Balkon oder das Fensterbrett eine gute Quelle für frische Zutaten wie Kräuter und Aloe vera sein.

VORRAT UND HALTBARKEIT

Der grüne Smoothie ist schnell und einfach zubereitet. Man kann ihn direkt zum Verzehr, aber auch auf Vorrat herstellen und mit ins Büro oder auf die Reise nehmen. Was nicht sofort verbraucht wird, hält im Kühlschrank bis zu 3 Tage.

ROTATION DER ZUTATEN

Wechseln Sie die grünen Blätter regelmäßig ab, um eine perfekte Vitalstoffversorgung zu erreichen. Auch die Früchte sollten Sie aus geschmacklichen Gründen immer wieder wechseln, damit der grüne Smoothie jeden Tag neu und interessant schmeckt.

FÜLLUNG DES MIXBEHÄLTERS

Füllen Sie den Mixbehälter so, dass unten die weichen und oben die härteren (faserigen) Zutaten sind, damit schnell ein Strudel entsteht, von dem alle Zutaten (Früchte) erfasst werden, und der Mixer nicht blockiert. Verschließen Sie den Deckel immer gut, damit der Inhalt nach dem Einschalten nicht aus dem Mixbehälter herausspritzt.

MIXZEITEN

Lassen Sie den Mixer so lange laufen, bis alle Zutaten fein püriert sind. Wichtig ist, dass Sie nach dem Einschalten rasch zur höchsten Drehzahlstufe wechseln: Je kürzer Sie mixen, desto schonender ist es für die Zutaten. Schneiden Sie größere Zutaten deshalb vor dem Mixen in kleinere Stücke.

REINIGUNG

Lassen Sie den grünen Smoothie nicht im Mixbehälter stehen, denn dann bilden sich schnell Kalkablagerungen an den Wänden, die nur schwer zu entfernen sind. Am besten reinigen Sie den Behälter, indem Sie ihn bis zur Hälfte mit warmem Wasser füllen, einen Tropfen Spülmittel hinzufügen und kurz auf kleiner Stufe mixen. Stellen Sie den Mixbehälter niemals in die Spülmaschine, denn das schadet der Gummidichtung des Schneidwerks.

PRINZIP LECKER

Der grüne Smoothie sollte Ihnen immer so schmecken, dass Sie sich nach seinem Genuss schon wieder auf den nächsten freuen. Zwingen Sie sich nicht zu Kombinationen nach dem Motto »Hauptsache gesund«. Bedenken Sie aber, dass durch die Kombination von herben Grünpflanzen und süßem Obst neue, überraschende Geschmacksqualitäten entstehen, an die man sich erst gewöhnen muss.

LEISTEN SIE SICH EINEN STARKEN MIXER!

Der Mixer entscheidet: Er muss stark genug sein, um die Pflanzenzellen optimal aufzubrechen, damit Ihnen die ganze Vitalstoff-Fülle zugutekommt.

HAUSHALTSMIXER

Es gibt sie in großer Vielfalt zwischen 30 und 200 Euro. Die Haushaltsmixer haben eine Drehzahl von bis zu 10 000 Umdrehungen pro Minute und ihre Leistung geht bis 1 000 Watt. Sie sind nicht dazu gedacht, täglich aus teilweise widerspenstigen Naturprodukten cremige Smoothies zu mixen und geben über kurz oder lang den Geist auf. Sie sind daher leider nur zum Einstieg geeignet, aber nicht zum dauerhaften Einsatz.

HOCHLEISTUNGSMIXER

Sie verfügen über eine Drehzahl von bis zu 38 000 Umdrehungen pro Minute und eine Leistung von bis zu 1 500 Watt. Ihr Vorteil besteht darin, dass Sie nur kurz mixen müssen und alle geeigneten Zutaten (inklusive Schale, Kerne, Strünke und Stiele) verarbeiten können. Nur ein leistungsstarker Mixer bricht die Zellulosewände der Pflanzenzellen so perfekt auf, dass die wertvollen Vitalstoffe gänzlich freigesetzt und vom Körper leicht aufgenommen werden können – und zwar viel besser, als es durch Kauen oder den Einsatz eines leistungsschwachen Mixers möglich wäre.

Die größten Vorteile eines Hochleistungsmixers liegen in seiner Langlebigkeit und in der Schonung des Mixguts durch eine kurze Mixzeit. Auch Geschmack und Mundgefühl der Smoothies werden vom Hochleistungsmixen positiv beeinflusst. Inzwischen sind gute preiswerte Geräte auf dem Markt, die sich hervorragend zum Einstieg eignen.

WILDKRÄUTER IM PORTRÄT

Wildkräuter vervielfältigen das Nährstoffangebot und bringen Geschmack. Hier die wichtigsten Vertreter für abwechslungsreiche grüne Smoothies.

1 BRENNNESSEL

Die Brennnessel ist reich an Mineralstoffen und Spurenelementen und beugt Zivilisationskrankheiten wie Bluthochdruck vor. Durch das Mixen verliert das Kraut seine brennende Wirkung und gibt dem Smoothie einen vollen Geschmack.

2 FRANZOSENKRAUT

Das Kraut enthält besonders viel Eisen und Kalzium sowie weitere wertvolle Mineral-, Schleim- und Bitterstoffe. Im Smoothie fördert es Blutbildung sowie Zahn- und Knochenaufbau.

3 FRAUENMANTEL

Das Kraut wirkt positiv auf den weiblichen Körper und darf daher im Smoothie für junge Mütter nicht fehlen. Gestresste Männer können ebenfalls von ihm profitieren, fördert er doch einen guten Schlaf, stärkt das Herz und lindert Kopfschmerzen.

4 GIERSCH

Giersch hat einen extrem hohen Vitamin-C-Gehalt, der dabei hilft, die Bildung freier Radikale im Körper zu verhindern. Das Kraut wächst überall und ist als Zutat für den Smoothie leicht zu finden.

5 SAUERAMPFER

Das Vitamin-C-reiche Wildkraut bereichert den grünen Smoothie immer wieder durch seinen leicht zitronigen Geschmack und sorgt besonders im Frühjahr für Abwechslung.

6 LÖWENZAHN

Der Löwenzahn ist reich an Vitaminen, Nahrungsenzymen und Mineralstoffen und bringt den ganzen Organismus in Schwung. Wer es bitter mag, kann reichlich davon in den Smoothie mixen.

7 SCHAFGARBE

Schafgarbe sollte mit Blüten und Blättern häufig im Smoothie verwendet werden. Ähnlich wie die Kamille gilt sie als Allheilmittel. Wenn ihre Blüten leicht rosa leuchten, ist sie besonders reich an wertvollen Inhaltsstoffen.

8 SPITZWEGERICH

Als regelmäßiger Smoothiebestandteil kann er schwaches Bindegewebe stärken, Erkältungskrankheiten abwehren und diffuse Magenbeschwerden verbessern. Der Breitwegerich sollte ebenfalls nicht fehlen, da er besonders viele antimikrobielle Stoffe enthält.

9 TAUBNESSEL

Die Taubnessel wird gerne bei Frauenbeschwerden eingesetzt. Sie wirkt blutreinigend und entspannend. Im Smoothie schmeckt sie köstlich durch ihren milden, honigartigen Geschmack.

10 VOGELMIERE

Die Pflanze ist reich an Vitaminen und besonders wertvollen sekundären Pflanzenstoffen. Sie ist ideal zum Abnehmen und Entschlacken.

1
2
3
4
5
6
7
8
9
10

FRÜHLINGS-SMOOTHIES

Im Frühling erwacht die Natur wieder zum Leben, und wir erfreuen uns an wärmenden Sonnenstrahlen und am frischen Grün. Die jungen Triebe, die überall sprießen und frisch in den Mixer wandern, lassen die Pfunde purzeln und wecken die Lebensgeister! Jetzt sind die grünen Smoothies besonders kraftvoll und reinigend.

LOVE & MORE

Die Litschi stammt aus China und wird dort als »Liebesfrucht« bezeichnet. Zusammen mit Rosenwasser hat sie eine aphrodisierende Wirkung.

15 Litschis
2 Orangen
½ Avocado
½ Handvoll Giersch (30 g)
5 Blätter Kapuzinerkresse
1 Handvoll frische Lindenblätter (60 g)
Saft von ½ Zitrone
20 ml Rosenwasser
1 EL roher Agavendicksaft
350 ml Wasser
Für die Deko:
4 Blätter Kapuzinerkresse
4 geschälte Litschis

Belebt die Sinne

Für 4 Portionen à 200 ml | 15 Min. Zubereitung
Pro Portion ca. 125 kcal, 1 g EW, 7 g F, 13 g KH

1 Die Litschis schälen und entkernen. Die Orangen schälen und zerteilen. Aus der Avocadohälfte das Fruchtfleisch herauslöffeln. Alles zusammen in den Mixer geben.

2 Giersch, Kapuzinerkresse und Lindenblätter verlesen, kalt abbrausen und trocken schütteln. Dann zusammen mit Zitronensaft, Rosenwasser und Agavendicksaft in den Mixer geben.

3 Das Wasser zufügen. Kurz auf kleiner Stufe starten, dann alles auf höchster Stufe cremig pürieren. Konsistenz und Geschmack prüfen, nach Belieben Wasser zufügen und erneut kurz mixen.

4 Smoothie in Gläser füllen. Mit Blättern und Litschis nach Belieben anrichten. Frisch und gut gelaunt servieren und genießen.

TIPP

Beim Sammeln der Lindenblätter darauf achten, dass diese noch jung und weich sind. Lindenblätter, Giersch und andere Wildkräuter an sauberen Stellen pflücken.

VITALES LIEBESGLÜCK

40 g getrocknete Cranberrys | 100 ml Wasser | 3 Äpfel | 1 Orange | 3 Frauenmantelblätter | 1 Handvoll Löwenzahn (60 g) | 3 Stängel Gundermann | 400 ml Wasser

Edelbitter-fruchtig

Für 4 Portionen à 250 ml |
10 Min. Zubereitung | 3 Std. Einweichen
Pro Portion ca. 100 kcal, 1 g EW, 1 g F, 21 g KH

1 Die Cranberrys 2 Std. lang in 100 ml Wasser einweichen. Mit einem Löffel 10 Beeren abschöpfen und beiseitelegen.

2 Die Äpfel waschen und achteln. Kerngehäuse belassen, Stiel und Blütenansatz entfernen. Die Orange halbieren und auspressen. Äpfel, Orangensaft und Cranberrys zusammen mit dem Einweichwasser in den Mixer füllen.

3 Die Kräuter verlesen, kalt abbrausen und kurz trocken schütteln. Einige Frauenmantelblättchen für die Deko beiseitelegen, übrige Kräuter grob schneiden und in den Mixer geben.

4 Das Wasser zufügen. Kurz auf kleiner Stufe starten, dann alles auf höchster Stufe cremig pürieren. Konsistenz und Geschmack prüfen. Nach Belieben etwas Wasser zufügen und erneut kurz mixen.

5 Smoothie in Gläser füllen. Die übrigen Frauenmantelblätter und Cranberrys fein hacken und auf den Smoothie streuen. Frisch und gut gelaunt servieren und genießen.

TIPP

Alternativ kann auch Frauenmanteltee verwendet werden. Diesen vor dem Mixen 30 Min. in Wasser einweichen. Frauenmantel verleiht dem Smoothie eine besondere Gesundheitsnote. Die Wirkstoffe lindern weibliche Zyklusbeschwerden und stärken die Potenz.

MILANO

400 g reife Ananas | 1 kleine Handvoll Spitzwegerich (10 g) | 1 kleine Handvoll Schafgarbenblätter (10 g) | 8 mittelgroße Blätter Löwenzahn | 1/4 Avocado | Saft von einer 1/2 Zitrone | 1 EL roher Agavendicksaft | 300 ml Wasser

Für Individualisten

Für 3 Portionen à 300 ml |
10 Min. Zubereitung
Pro Portion ca. 100 kcal, 1 g EW, 5 g F, 13 g KH

1 Ananas schälen, das Fruchtfleisch würfeln, 4 Ananaswürfel beiseitelegen. Kräuter abbrausen, trocken schütteln und zerkleinern. Avocado halbieren und das Fruchtfleisch herauslöffeln. Zuerst das Obst, dann die Wildkräuter und zuletzt Zitronen- und Agavendicksaft in den Mixer geben.

2 Das Wasser zufügen und alles zu einem cremigen Smoothie pürieren. Nach Bedarf Wasser und Agavendicksaft zufügen und erneut mixen. Smoothie in Gläser füllen und je 1 Ananasstückchen und Spitzwegerichblättchen an den Rand stecken. Frisch servieren.

WILDE HILDE

2 mittelgroße Äpfel | 1 kleine Handvoll Sauerampfer (20 g) | 12 Blatt Löwenzahn | 5 Blatt Schafgarbe | 6 Stängel Weißer Gänsefuß | 400 ml Wasser

Vitalstoffbombe

Für 4 Portionen à 200 ml |
5 Min. Zubereitung
Pro Portion ca. 35 kcal, 1 g EW, 0 g F, 7 g KH

1 Die Äpfel waschen, Stiel und Blütenansatz entfernen, Kerngehäuse belassen, achteln und in den Mixer geben. Sauerampfer, Löwenzahn, Schafgarbe und Gänsefuß abbrausen und kurz trocken schütteln. 4 Löwenzahnblättchen beiseitelegen, übrige Kräuter klein schneiden. Alle Wildkräuter in den Mixer füllen.

2 Das Wasser zufügen. Den Mixer kurz auf kleiner Stufe starten, dann alles auf höchster Stufe pürieren, bis ein cremiger Smoothie entstanden ist. Den Smoothie in 4 Gläser füllen und mit Löwenzahnblättchen dekorieren. Frisch servieren und gut gelaunt genießen.

SULTANSFREUDEN

½ Ananas | 1 Orange | 3 Datteln | ¼ Zitrone | 1 EL rohes Kokosmus | 1 TL Acai-Pulver (siehe Glossar S. 58) | 1 kleine Handvoll Portulak (30 g) | 1 Handvoll Babyspinat (100 g) | 10 junge hellgrüne Buchenblätter | 500 ml Wasser

Exotisch

Für 4 Portionen à 250 ml |
10 Min. Zubereitung
Pro Portion ca. 100 kcal, 2 g EW, 3 g F, 12 g KH

1 Von der Ananas 1 Scheibe mit Schale abschneiden und beiseitelegen. Übrige Ananas schälen und das Fruchtfleisch in Stücke schneiden. Die Orange halbieren und auspressen. Die Datteln entkernen und die Zitrone schälen. Alles mit dem rohen Kokosmus und dem Acai-Pulver in den Mixer geben.

2 Portulak, Babyspinat und Buchenblätter waschen, einige Buchenblätter beiseitelegen. Übriges Grün grob zerkleinern und in den Mixer füllen. Das Wasser zufügen. Den Mixer kurz auf kleiner Stufe starten, dann alles auf höchster Stufe so lange pürieren, bis ein cremiger Smoothie entstanden ist.

3 Konsistenz und Geschmack prüfen, nach Belieben noch etwas Wasser dazugeben und erneut kurz mixen.

4 Smoothie in die Gläser füllen. Übrige Ananasscheibe vierteln. Die Viertel bis zur Mitte einschneiden und mit restlichen Buchenblättern an jeden Glasrand stecken. Frisch servieren und gut gelaunt genießen.

INFO

Junge Buchenblätter enthalten antiseptische Stoffe und haben eine leicht adstringierende Wirkung – gut bei gereizten Schleimhäuten.

KEEP GOING

½ Handvoll getrocknete Erdmandeln (40 g) | 150 ml Wasser | 4 Birnen | 1 Apfel | 1 Banane | ½ Zitrone | 1 Handvoll Löwenzahn (60 g) | 10 Blätter Scharbockskraut | 10 Blätter Giersch | 1 TL Guaranapulver | 250 ml Wasser

Herrliche Wildkräuterkombi

Für 4 Portionen à 250 ml |
10 Min. Zubereitung | 12 Std. Einweichen
Pro Portion ca. 100 kcal, 2 g EW, 2 g F, 17 g KH

1 Die Erdmandeln über Nacht in 150 ml Wasser einweichen.

2 3 Birnen und den Apfel waschen, Stiel und Blütenansatz entfernen, Kerngehäuse belassen, achteln. Die Banane schälen und klein schneiden. Die Zitrone auspressen und den Saft mit den Früchten in den Mixer füllen. Die Erdmandeln mit dem Einweichwasser dazugeben.

3 Löwenzahn, Scharbockskraut und Giersch waschen, klein schneiden und zusammen mit dem Guaranapulver in den Mixer geben.

4 Das Wasser zufügen und alles zu einem cremigen Smoothie pürieren. Konsistenz prüfen. Bei Bedarf etwas Wasser zufügen und erneut kurz mixen.

5 Übrige Birne waschen und mit Kerngehäuse in Scheiben schneiden. Jede Scheibe bis zur Mitte einschneiden. Smoothie in 4 Gläser füllen und je 1 Birnenscheibe an den Glasrand stecken. Frisch servieren und gut gelaunt genießen.

INFO

Guarana ist eine sanfte Alternative zu Koffein. Weil es bitter schmeckt, bitte sparsam dosieren! Erdmandeln enthalten viele Ballaststoffe, sind mineralstoffreich und stecken voller sekundärer Pflanzenstoffe. Ideal bei träger Verdauung. Beides bekommen Sie im Bioladen oder können es im Internet bestellen.

GRÜNES MEERESLEUCHTEN

Auch Algen gehören zum Pflanzengrün und liefern konzentrierte Vitalstoffenergie. Sie runden das Geschmackserlebnis im grünen Smoothie ab.

3 TL ungeschälte Hanfsamen
100 ml Wasser
1 große Orange
2 Blatt Chicorée
1 Handvoll Vogelmiere (30 g)
10 Stängel Basilikum
4 Stängel Petersilie
1 TL Spirulina-Algenpulver (siehe Glossar S. 58)
200 ml Wasser

Würzig

Für 2 Portionen à 250 ml | 10 Min. Zubereitung | 12 Std. Einweichen
Pro Portion ca. 80 kcal, 3 g EW, 3 g F, 11 g KH

1 Die Hanfsamen über Nacht in 100 ml Wasser einweichen.

2 Die Orange schälen und zerteilen (Bild 1). Zusammen mit den Hanfsamen und dem Einweichwasser in den Mixer füllen.

3 Chicorée, Vogelmiere, Basilikum und Petersilie kalt abbrausen und kurz abtropfen lassen. 2 Basilikumstängel beiseitelegen, übriges Grün klein schneiden. Zusammen mit dem Algenpulver in den Mixer geben (Bild 2).

4 Das Wasser zufügen. Kurz auf kleiner Stufe starten, dann alles auf höchster Stufe pürieren (Bild 3), bis ein cremiger Smoothie entstanden ist. Konsistenz und Geschmack prüfen. Nach Belieben etwas Wasser zufügen und erneut kurz mixen.

5 Smoothie in Gläser füllen und mit übrigen Basilikumstängeln dekorieren. Frisch und gut gelaunt servieren und genießen.

TIPP **Wenn Sie eine größere Menge zubereiten wollen, können Sie die Zutatenmenge einfach entsprechend vergrößern. Allerdings sollten Sie Algen insgesamt eher sparsam verwenden. Bei regelmäßigem Genuss ist diese Mischung ein idealer Smoothie für Muskelaufbau und mentale Stärke.**

1

REVOBLEND
POWER
PULSE
2

REVOBLEND
POWER
PULSE
3

CRAZY GREEN

2 Stangen Staudensellerie mit Blättern | 1 Salatgurke | ¼ Zitrone | 8 Blätter Kopfsalat | 1 Handvoll Portulak (80 g) | 7 Rote-Bete-Blätter | ½ Bund Petersilie (20 g) | 400 ml Wasser | Zitronensaft (nach Belieben)

Weckt die Lebensgeister

Für 4 Portionen à 200 ml |
10 Min. Zubereitung
Pro Portion ca. 25 kcal, 1 g EW, 0 g F, 4 g KH

1 Den Staudensellerie und die Gurke waschen und klein schneiden. Die Zitrone schälen und mit den übrigen Zutaten in den Mixer füllen.

2 Salatblätter und Portulak waschen und kurz abtropfen lassen. Schlechte Stellen und Blätter entfernen, übrige zerkleinern. Rote-Bete-Blätter und Petersilie abbrausen, trocken schütteln und klein schneiden. Alle grünen Zutaten in den Mixer füllen.

3 Das Wasser zufügen. Den Mixer kurz auf kleiner Stufe starten, dann alles auf höchster Stufe pürieren, bis ein cremiger Smoothie entstanden ist. Konsistenz und Geschmack prüfen. Nach Belieben etwas Wasser oder Zitronensaft dazugeben und erneut kurz mixen.

4 Den fertigen Smoothie gleichmäßig auf bereitgestellte Gläser verteilen oder in Flaschen abfüllen. Frisch und gut gelaunt genießen.

TIPP

Je nach persönlichem Geschmack können Sie den Kopfsalat auch durch andere Salatsorten ersetzen. Eine leichte Bitternote verleiht zum Beispiel Endivie.

HEXEN-HECHSEL

6 Blatt Schwarzkohl | 10 Blätter Bärlauch | 1 gelbe Paprika | 4 Knoblauchzehen | ½ Bund Koriander | 1 Zitrone | 350 ml Wasser

Schärft die Sinne

Für 3 Portionen à 250 ml |
10 Min. Zubereitung
Pro Portion ca. 25 kcal, 1 g EW, 0 g F, 3 g KH

1 Schwarzkohl und Bärlauch waschen, kurz abtropfen lassen und klein schneiden. Paprika waschen, halbieren, entkernen und in schmale Streifen schneiden, einige beiseitelegen. Zusammen mit Kohl und Bärlauch in den Mixer füllen.

2 Die Knoblauchzehen schälen und grob hacken. Den Koriander abbrausen, trocken schütteln und klein schneiden. Die Zitrone auspressen. Alles zusammen in den Mixer geben.

3 Das Wasser zu den übrigen Zutaten geben. Den Mixer kurz auf kleiner Stufe starten, dann alles auf höchster Stufe so lange pürieren, bis ein cremiger Smoothie entstanden ist.

4 Konsistenz und Geschmack prüfen, nach Belieben etwas Wasser zufügen und erneut kurz mixen.

5 Smoothie nach Belieben in Gläser oder Flaschen füllen und mit übrigen Paprikastreifen garnieren. Frisch und gut gelaunt genießen.

TIPP

Durch seine reinigende Kraft ist der Bärlauch die ideale Zutat für ausleitende Frühjahrs-Smoothies. Besonders geschätzt wird Bärlauch wegen seiner blutdrucksenkenden Wirkung und zur Vorbeugung von Arteriosklerose.

SOMMER-SMOOTHIES

Im Sommer haben wir die ganze Vielfalt heimischer Früchte, Pflanzen und Wildkräuter zur Auswahl. Gerade in der heißen Jahreszeit ist der grüne Smoothie eine herrlich leichte und erfrischende Mahlzeit. Und wer mit dem grünen Zaubertrank entspannt im Strandkorb liegt, genießt pures Wohlbefinden!

GO FOR IT!

Dieser Smoothie enthält eine Kombination von kühlenden und ausgleichenden Stoffen: Der ideale Drink für heiße Tage!

1 mittelgroße Salatgurke
1 mittelgroße Zucchini
3 Kohlrabiblätter
3 Rote-Bete-Blätter
1 Mangoldblatt
½ TL gemahlene Kurkuma oder
1 cm von der Knolle
3 Stängel Koriander
1 TL weiße Pfefferkörner
350 ml Wasser
Für die Deko:
3 dünne Zucchinischeiben
3 dünne Gurkenscheiben

Erfrischend

Für 3 Portionen à 300 ml |
10 Min. Zubereitung
Pro Portion ca. 30 kcal,
2 g EW, 0 g F, 4 g KH

1 Die Gurke und die Zucchini waschen und in Scheiben schneiden. Kohlrabi- und Rote-Bete-Blätter kalt abbrausen, abtropfen lassen und klein schneiden. Vom Mangold das Grüne abtrennen, den weißen Stiel nicht verwenden, den Rest klein schneiden. Die Kurkumaknolle schälen und zerkleinern oder Kurkumapulver zusammen mit den Pfefferkörnern und den übrigen Zutaten in den Mixer geben.

2 Das Wasser zufügen. Den Mixer kurz auf kleinster Stufe starten, dann auf höchster Stufe alles pürieren, bis ein cremiger Smoothie entstanden ist.

3 Konsistenz und Geschmack prüfen. Nach Belieben noch etwas Wasser zufügen und erneut kurz mixen.

4 Smoothie in Gläser füllen. Die Zucchinischeiben und die Gurkenscheiben bis zur Mitte einschneiden und im Abstand von 1 cm auf den Glasrand stecken. Frisch und gut gelaunt servieren und genießen.

INFO Kurkuma ist eine Pflanzenknolle, die die Galleproduktion anregt und damit die Verdauung erleichtert, das Immunsystem stimuliert und nachweislich vor Tumoren schützen kann. Als natürliches Antioxidans verzögert Kurkuma beim Menschen den Alterungsprozess und macht Speisen länger haltbar.

HEISSER SOMMERFLIRT

1 EL Leinsamen | 100 ml Wasser | 4 große Pfirsiche | 250 g rote Stachelbeeren | 8 Blatt Romanasalat | 4 Blatt Minze | 200 ml Wasser

Anregend

Für 3 Portionen à 200 ml |
5 Min. Zubereitung | 12 Std. Einweichen
Pro Portion ca. 110 kcal, 3 g EW, 1 g F, 20 g KH

1 Die Leinsamen am besten über Nacht in 100 ml Wasser einweichen.

2 3 Pfirsiche waschen, entsteinen und vierteln. Die Stachelbeeren waschen und abtropfen lassen. Das Obst zusammen mit den Leinsamen und dem Einweichwasser in den Mixer füllen.

3 Den Salat waschen, schlechte Stellen und Blätter entfernen, übrige klein schneiden und zusammen mit der Minze in den Mixer geben.

4 Das Wasser zufügen. Den Mixer kurz auf kleiner Stufe starten, dann alles auf höchster Stufe cremig pürieren, bis sich auch die kleinen Kerne der Stachelbeeren vollständig aufgelöst haben. Konsistenz und Geschmack prüfen. Nach Belieben etwas Wasser dazugeben und erneut kurz mixen.

5 Den übrigen Pfirsich waschen, entsteinen, in mundgerechte Stücke schneiden und auf Holzspieße stecken. Smoothie in Gläser füllen, Spieße dazuservieren. Gut gelaunt genießen.

INFO

Leinsamen enthält ein optimales Verhältnis von Omega-3- und Omega-6-Fettsäuren. Bei träger Verdauung darf es davon ruhig ein bisschen mehr sein!

RAHU RAHU

1 mittelgroße Orange | 1 kleine Banane | 1 kleine Birne | 1 Maracuja | 5 Blatt Kopfsalat | 1 Handvoll Vogelmiere (50 g) | 1 Handvoll Franzosenkraut (50 g) | 300 ml Wasser

Voller Überraschung

Für 3 Portionen à 200 ml |
15 Min. Zubereitung
Pro Portion ca. 100 kcal, 2 g EW, 0 g F, 19 g KH

1 Orange schälen, in Spalten teilen und in mundgerechte Stückchen schneiden, einige beiseitelegen. Banane schälen und in Scheiben schneiden. Die Birne waschen und vierteln. Kerngehäuse belassen, Stiel und Blütenansatz entfernen. Die Maracuja halbieren, das Fruchtfleisch mitsamt den Kernen mit einem Löffel aus der Schale heben und mit den anderen Früchten in den Mixer füllen.

2 Salatblätter, Vogelmiere und Franzosenkraut kalt abbrausen, abtropfen lassen, klein schneiden und in den Mixer geben. Das Wasser zufügen. Kurz auf kleiner Stufe starten, dann alles auf höchster Stufe cremig pürieren.

3 Konsistenz und Geschmack prüfen. Nach Belieben etwas Wasser zufügen und erneut kurz mixen.

4 Den fertigen Smoothie in Gläser füllen. Übrige Orangenstücke bis zur Mitte einschneiden und an den Glasrand stecken. Frisch und gut gelaunt servieren und genießen.

INFO

Die Vogelmiere gehört zu den weitverbreiteten Wildkräutern. Oft müssen Sie sie nicht einmal draußen suchen. Sie wächst auch gerne zwischen Kräutern und Zierpflanzen im Blumenkasten auf dem Balkon.

SOMMERGRUSS

½ Bio-Wassermelone (mit Schale und Kernen) | ½ Zitrone | 1 Bund glatte Petersilie (50 g) | 200 ml Wasser

Fruchtig

Für 4 Portionen à 200 ml |
5 Min. Zubereitung
Pro Portion ca. 150 kcal, 3 g EW, 1 g F, 32 g KH

1 Die Wassermelone waschen und vierteln, 4 Scheiben abschneiden und beiseitelegen, den Rest mitsamt der Schale in Stücke schneiden. Die Zitrone auspressen und den Saft mit der Melone in den Mixer füllen.

2 Die Petersilie kalt abbrausen und trocken schütteln, vier Stängel beiseitelegen, den Rest klein schneiden und in den Mixer geben.

3 Das Wasser zufügen. Den Mixer kurz auf kleiner Stufe starten, dann alles auf höchster Stufe pürieren, bis ein cremiger Smoothie entstanden ist.

4 Konsistenz und Geschmack prüfen. Nach Belieben etwas Wasser oder Zitronensaft dazugeben und erneut kurz mixen.

5 Den fertigen Smoothie auf 4 Gläser verteilen. Die übrigen Melonenscheiben von der Schale lösen. Je 1 Petersilienstängel über die Gläser legen. Melone und Smoothie frisch genießen.

TIPP

An besonders heißen Sommertagen können Sie gestoßenes Eis in den Mixer geben, um den Smoothie zu kühlen. Achten Sie darauf, dass sich die Gesamtwassermenge dabei nicht zu sehr erhöht.

EWIGER JUNGBRUNNEN

40 Gojibeeren (siehe Glossar S. 58) | 100 ml Wasser | 3 säuerliche Äpfel | 1 Banane | 2 Handvoll Brennnesselblätter (200 g) | 300 ml Wasser

Belebend

Für 4 Portionen à 200 ml |
10 Min. Zubereitung | 2 Std. Einweichen
Pro Portion ca. 195 kcal, 8 g EW, 2 g F, 34 g KH

1 Von den Gojibeeren 12 beiseitelegen, übrige 2 Std. in 100 ml Wasser einweichen.

2 Die Äpfel waschen und achteln. Kerngehäuse belassen, Stiel und Blütenansatz entfernen. Die Banane schälen und in Scheiben schneiden, 4 davon beiseitelegen. Übrige mit den Gojibeeren und dem Einweichwasser in den Mixer füllen.

3 Die Brennnesselblätter abbrausen, kurz abtropfen lassen, klein schneiden und zu den anderen Zutaten in den Mixer geben.

4 Das Wasser zufügen. Kurz auf kleiner Stufe starten, dann alles auf höchster Stufe cremig pürieren.

5 Für die Deko restliche Bananenscheiben bis zur Mitte einschneiden und jeweils 3 der übrigen Gojibeeren als Zacken in den weichen Bananenrand stecken. Smoothie in Gläser füllen und die dekorierte Bananenscheibe an den Glasrand stecken. Frisch und gut gelaunt servieren und genießen.

TIPP

Ein idealer Smoothie zum Entwässern und Entgiften. Wer das nicht möchte, ersetzt die Hälfte der Brennnesselblätter durch Kopfsalat.

ADDICTED

Dieser Smoothie macht süchtig nach Gesundheit und steckt voller wertvoller Vitalstoffe. Er ersetzt das Frühstück mitsamt dem Kaffee.

2 getrocknete Feigen
3 entsteinte Datteln
100 ml Wasser
1 reife Banane
4 reife Aprikosen
1/4 Bio-Zitrone
1 saftige Birne
400 ml Wasser
20 Blättchen Minze
1 TL Acai-Pulver
1 TL Matcha-Grüntee-Pulver
1 EL Maca-Pulver (siehe Glossar S. 58)

Für die Deko:
4 halbierte Aprikosen
4 kleine Stängel Minze

Sättigender Muntermacher

Für 4 Portionen à 250 ml | 25 Min. Zubereitung | 3 Std. Einweichen
Pro Portion ca. 130 kcal, 2 g EW, 0 g F, 24 g KH

1 Feigen und Datteln 2 Std. in 100 ml Wasser einweichen. Von den Feigen den Stielansatz entfernen.

2 Die Banane schälen und klein schneiden. Aprikosen, Zitrone und Birne waschen und zerteilen. Alles in den Mixer füllen.

3 Das Wasser auf 40° erwärmen. Minzeblättchen kurz abbrausen und trocken schütteln und mit Acai-Pulver, Matcha-Grüntee-Pulver, Maca-Pulver, Datteln, Feigen und Wasser in den Mixer geben. Einweichwasser mitverwenden. Den Mixer kurz auf kleiner Stufe starten, dann alles auf höchster Stufe cremig pürieren.

4 Konsistenz und Geschmack prüfen. Nach Belieben etwas Wasser und Zitronensaft zufügen und erneut kurz mixen.

5 Für die Deko die Aprikosenhälften mit Minzestängeln verzieren und auf einem kleinen Teller zum Smoothie reichen. Smoothie in Gläsern servieren und warm genießen.

INFO

Das im Grüntee enthaltene Teein ist an Gerbstoffe gebunden und wird deshalb langsamer an den Organismus abgegeben. Die Folgen sind eine sanftere und länger anhaltende muntermachende Wirkung als beim Kaffee. Der angewärmte Smoothie erzeugt ein vitalstoffreiches »Tee-Erlebnis«.

GRÜNE VERFÜHRUNG

Aloe vera, die Pflanze für ewige Jugend, sollte immer wieder in unseren Smoothie wandern. Ihr bitterer Geschmack wird durch Weintrauben und Spinat wunderbar ausgeglichen.

4 reife Kiwis
200 g weiße Weintrauben
1 große Handvoll Babyspinat (100 g)
2 Blätter Mangold
1 Stück Aloe vera (ca. 10 cm, siehe Glossar S. 58)
1 EL Birkensüß (Xylitol)
350 ml Wasser

Für die Deko:
5 zarte Spinatblättchen
5 kleine Traubenzweige

Exotischer Jungbrunnen

Für 5 Portionen à 200 ml | 10 Min. Zubereitung
Pro Portion ca. 60 kcal, 2 g EW, 1 g F, 12 g KH

1 Kiwis schälen und halbieren. Weintrauben waschen, abtropfen lassen und Stiele entfernen. Beide Zutaten in den Mixer füllen.

2 Spinat und Mangold waschen und abtropfen lassen. Schlechte Stellen und Blätter entfernen. Vom Mangold das Blattgrün abtrennen, den weißen Stiel nicht verwenden. Spinat und Mangold klein schneiden. Aloe vera waschen und ebenfalls zerkleinern. Alles zusammen mit dem Birkensüß in den Mixer geben.

3 Das Wasser zufügen. Den Mixer kurz auf kleiner Stufe starten, dann alles auf höchster Stufe cremig pürieren.

4 Konsistenz und Geschmack prüfen. Nach Belieben etwas Wasser oder Birkensüß dazugeben und erneut kurz mixen.

5 Den Smoothie auf Gläser verteilen und nach Belieben mit Spinatblättchen und Weintrauben garnieren. Frisch servieren und gut gelaunt genießen.

INFO Aloe vera erhalten Sie im Bioladen in kleinen Töpfen. So können Sie immer wieder einzelne Blätter ernten. Wenn Sie Birkensüß verwenden, darf es ruhig etwas mehr sein: Das Süßmittel schützt die Zähne wirksam vor Karies.

KICK AM NACHMITTAG

3 reife Pfirsiche | 150 g Himbeeren | 1 reife Banane | ½ Zitrone | 8 Blatt Kopfsalat | 1 Handvoll Rucola (60 g) | ½ Handvoll Babyspinat (50 g) | 1 EL Birkensüß (Xylitol) | 600 ml Wasser

Wachmacher

Für 4 Portionen à 300 ml |
5 Min. Zubereitung
Pro Portion ca. 105 kcal, 2 g EW, 0 g F, 23 g KH

1 2 Pfirsiche waschen, entsteinen und klein schneiden. Die Himbeeren waschen und abtropfen lassen, 10 schöne Beeren beiseitelegen. Die Banane schälen und in kleine Stücke zerteilen. Die Zitrone auspressen. Alle Früchte mit dem Zitronensaft in den Mixer füllen.

2 Salatblätter, Rucola und Spinat waschen und abtropfen lassen. Schlechte Stellen und Blätter entfernen. Übrige Blätter klein schneiden und mit dem Birkensüß in den Mixer geben.

3 Das Wasser zufügen. Den Mixer kurz auf kleiner Stufe starten, dann alles auf höchster Stufe so lange cremig pürieren, bis sich auch die kleinen Kerne der Himbeeren vollständig aufgelöst haben. Nach Belieben nachsüßen, etwas Wasser dazugeben und erneut kurz mixen.

4 Smoothie in 4 Gläser gießen. Übrigen Pfirsich waschen, entsteinen und in kleine Würfel schneiden. Zusammen mit den übrigen Himbeeren in Cocktaillöffel geben und über den Glasrand legen. Frisch servieren und gut gelaunt genießen.

INFO

Tiefgefroren enthalten Beeren noch bis zu 90 Prozent ihrer Vitalstoffe. TK-Beeren sind jederzeit verfügbar und bewirken im Sommer eine angenehme Kühlung.

MARILYN

250 g Erdbeeren | 4 frische Feigen | 1 reife Mango | 10 Taubnesseln mit Blüten und Blättern | ½ Limette | 300 ml Wasser

Für Tagträumer im Sommer

Für 3 Portionen à 300 ml |
10 Min. Zubereitung
Pro Portion ca. 95 kcal, 2 g EW, 1 g F, 18 g KH

1 Erdbeeren waschen, Stiel entfernen, Blätter belassen. Feigen waschen und vierteln. Mango schälen, das Fruchtfleisch erst vom Kern und dann in Spalten schneiden, 4 davon beiseitelegen. Taubnesseln abbrausen, trocken schütteln, 4 Stängel beiseitelegen, Limette schälen und vierteln. Alles in den Mixer füllen.

2 Das Wasser zufügen und alles zu einem cremigen Smoothie pürieren.

3 Smoothie in Gläser füllen. Übrige Taubnesseln ins Glas stellen. Die restlichen Mangospalten über den Glasrand legen. Frisch und gut gelaunt servieren und genießen.

DIAMANTE NERO

1 Vanilleschote | 400 ml Wasser | 1 süßer Apfel | 150 g schwarze Johannisbeeren mit Stängel | 150 g Brombeeren | 1 Handvoll Brennnesselblätter (100 g) | 2 EL Kokosblütennektar

Schmeckt genial und gesund

Für 4 Portionen à 200 ml |
15 Min. Zubereitung | 15 Min. Einweichen
Pro Portion ca. 90 kcal, 3 g EW, 1 g F, 15 g KH

1 Die Vanilleschote der Länge nach aufschneiden und 15 Min. im Mixwasser einweichen.

2 Apfel waschen und achteln. Kerngehäuse belassen, Stiel und Blütenansatz entfernen. Die Beeren waschen, 4 Johannisbeerrispen und 4 schöne Brombeeren beiseitelegen. Die Brennnesselblätter abbrausen und klein schneiden. Das Mark aus der Vanilleschote schaben und mit Nektar und übrigen Zutaten in den Mixer geben. Das Wasser zufügen und alles auf höchster Stufe cremig pürieren.

3 Smoothie in Gläser füllen und mit Johannis- und Brombeeren dekorieren.

HERBST-SMOOTHIES

Wenn die Tage kürzer werden und die Sonne sich rarer macht, ist unser Körper auf eine reichliche Portion tägliche Vitalstoff-Power angewiesen. Auch jetzt liefert uns die heimische Natur noch viele leckere Zutaten, die teilweise das ganze Jahr über gereift sind. Feiern Sie Erntedank mit grünen Smoothies!

GREEN KING COLE

Wunderbarer Spitzkohl: Vollgepackt mit den besten Nährstoffen und dezent im Geschmack, bekommt er durch Ingwer und Minze den richtigen Pepp.

1 Apfel
1 Birne
1 Banane
½ Grapefruit
1 Handvoll Batavia (80 g)
1 Handvoll Spitzkohl (100 g)
½ Handvoll Vogelmiere (30 g)
½ Bund Minze (10 g)
1 cm frischer Ingwer
250 ml Wasser

Für die Deko:
1 Apfel
4 Zweige Minze

Ade Novemberblues!

Für 4 Portionen à 200 ml | 5 Min. Zubereitung
Pro Portion ca. 100 kcal, 2 g EW, 1 g F, 20 g KH

1 Apfel und Birne waschen und vierteln. Kerngehäuse belassen, Stiel und Blütenansatz entfernen. Die Banane und die Grapefruit schälen und zerkleinern. Alles zusammen in den Mixer füllen.

2 Den Batavia putzen, waschen und abtropfen lassen. Den Spitzkohl waschen und etwas zerkleinern. Die Vogelmiere und die Minze abbrausen, abtropfen lassen und grob hacken. Alles zusammen mit dem ungeschälten Ingwer in den Mixer geben.

3 Das Wasser zufügen. Den Mixer kurz auf kleinster Stufe starten, dann alles auf höchster Stufe cremig pürieren. Konsistenz und Geschmack prüfen. Nach Belieben noch etwas Wasser zufügen und erneut kurz mixen.

4 Smoothie in Gläser füllen. Für die Deko den Apfel waschen, halbieren und den Stiel entfernen. 4 Scheiben mit Gehäuse und Kernen abschneiden und am Stielansatz zur Hälfte einschneiden. Jeweils 1 Apfelscheibe auf den Glasrand stecken und den Minzezweig nach Belieben dazu in den Smoothie stellen.

TIPP **Ingwer ist ein idealer Begleiter durch die kalte Jahreszeit. Seine positive, stärkende Wirkung auf das Immunsystem ist vielfach belegt.**

RB 500
REVOBLEND
OFF
ON
POWER
Max
OFF
PULSE
ON

RAPUNZELS GRÜNES HAAR

1 Birne | 1 Banane | ½ Ananas | 1 Maracuja | 2 cm frischer Ingwer | 1 Handvoll Chinakohl (100 g) | 1 Handvoll Feldsalat (80 g) | ½ Bund Zitronenmelisse (10 g) | 250 ml Wasser

Anregend

Für 3 Portionen à 300 ml |
10 Min. Zubereitung
Pro Portion ca.130 kcal, 3 g EW, 1 g F, 25 g KH

1 Die Birne waschen und vierteln. Kerngehäuse belassen, Stiel und Blütenansatz entfernen. Die Banane schälen und klein schneiden. Die Ananas halbieren und das Fruchtfleisch in Stücke schneiden. Die Maracuja am Äquator halbieren und das Fruchtfleisch mit den Kernen entnehmen. Den Ingwer mit Schale grob hacken. Alle Zutaten in den Mixer füllen.

2 Den Chinakohl waschen und etwas zerkleinern. Den Feldsalat gründlich waschen, abtropfen lassen und die schlechten Teile entfernen. Die Zitronenmelisse abbrausen und abtropfen lassen, ein paar Blätter beiseitelegen, restliche grob hacken. Alles zusammen in den Mixer geben.

3 Das Wasser zufügen. Den Mixer kurz auf kleinster Stufe starten, dann alles auf höchster Stufe cremig pürieren.

4 Konsistenz und Geschmack prüfen. Nach Belieben etwas Wasser zufügen und erneut kurz mixen. Smoothie in Gläser füllen und mit übrigen Zitronenmelisseblättchen garnieren.

TIPP

Gerade bei Früchten wie Birne, Ananas oder Banane spielt der Reifegrad eine wichtige Rolle. Je reifer die Früchte sind, die Sie verwenden, desto geschmackvoller und bekömmlicher wird auch Ihr Smoothie.

KÖNIGLICHE LIAISON

2 kleine Papayas | 1 kleiner Apfel | 150 g TK-Himbeeren | 1 Handvoll Spinat (100 g) | 1 Handvoll Mangold (90 g) | 1 Prise gemahlene Vanille | 300 ml Wasser

Beerenstark, apfelfrisch, papayagut

Für 3 Portionen à 300 ml |
10 Min. Zubereitung
Pro Portion ca. 120 kcal, 2 g EW, 0 g F, 21 g KH

1 1 Papaya schälen und entkernen, übrige beiseitelegen. Den Apfel waschen und vierteln. Kerngehäuse belassen, Stiel und Blütenansatz entfernen. Die Himbeeren grob zerkleinern und alles zusammen in den Mixer füllen.

2 Den Spinat waschen und abtropfen lassen. Danach die Blätter grob zerpflücken. Vom Mangold das Blattgrün abtrennen, den weißen Stiel nicht verwenden, das Grün zerkleinern. Alles zusammen mit der Vanille in den Mixer geben.

3 Das Wasser zufügen. Kurz auf kleiner Stufe starten, dann alles auf höchster Stufe cremig pürieren.

4 Konsistenz und Geschmack prüfen. Nach Belieben etwas Wasser oder Vanille dazugeben und erneut kurz mixen.

5 Smoothie in bereitgestellte Gläser füllen. Übrige Papaya der Länge nach halbieren und mitsamt den Kernen in dicke Scheiben schneiden. Smoothies zusammen mit den Papayascheiben frisch servieren und gut gelaunt genießen.

TIPP

Sollten die TK-Himbeeren den Smoothie zu kalt machen, können Sie zum Mixen angewärmtes Wasser verwenden.

GOLDENER OKTOBER

1 reife Banane | 1 mittelgroße süße Birne | ½ Grapefruit | 1 Handvoll Mangold (90 g) | 1 Handvoll Wirsing (90 g) | ½ Bund Minze (10 g) | 300 ml Wasser

Vitaminkick

Für 3 Portionen à 300 ml |
10 Min. Zubereitung
Pro Portion ca. 65 kcal, 2 g EW, 0 g F, 13 g KH

1 Die Banane schälen und in dicke Scheiben schneiden. Die Birne waschen und vierteln. Kerngehäuse belassen, Stiel und Blütenansatz entfernen. Die Grapefruit schälen und in Würfel schneiden. Alles in den Mixer füllen.

2 Mangold und Wirsing waschen und abtropfen lassen. Vom Mangold das Blattgrün abtrennen und zerkleinern, den weißen Stiel nicht verwenden. Wirsingblätter in Stücke schneiden. Die Minze abbrausen, trocken schütteln und grob hacken. Alles zusammen in den Mixer geben.

3 Das Wasser zufügen. Den Mixer auf kleiner Stufe starten, dann alles auf höchster Stufe pürieren, bis ein cremiger Smoothie entstanden ist.

4 Konsistenz und Geschmack prüfen. Nach Belieben etwas Wasser zugeben und erneut kurz mixen.

5 Smoothie auf bereitgestellte Gläser verteilen. Frisch servieren und gut gelaunt genießen.

TIPP

Wenn Sie den Geschmack lieber etwas milder mögen, können Sie den Wirsing durch Spitzkohl ersetzen.

RAINBOW SPIRIT

2 Kiwis | 150 g blaue Weintrauben | 100 g Papaya | 100 g TK-Heidelbeeren | 1 Zitronenscheibe mit Schale | 2 Handvoll Spinat (140 g) | ½ Bund Petersilie (50 g) | 8 Brennnesselblätter | 250 ml Wasser

Farbenfroher Glücksbringer

Für 4 Portionen à 200 ml |
10 Min. Zubereitung
Pro Portion ca. 65 kcal, 2 g EW, 1 g F, 11 g KH

1 1 Kiwi schälen und vierteln. Weintrauben waschen, von der Rispe pflücken und von den Stielen befreien. Die Papaya in Stücke schneiden, Kerne entfernen. Die gefrorenen Heidelbeeren etwas zerstoßen und mit den anderen Früchten und der Zitronenscheibe in den Mixer füllen.

2 Spinat, Petersilie und Brennnesseln waschen, trocken schütteln und grob hacken. Alles zusammen in den Mixer geben.

3 Das Wasser zufügen. Kurz auf kleiner Stufe starten, dann alles auf höchster Stufe cremig pürieren.

4 Konsistenz und Geschmack prüfen. Nach Belieben Wasser oder Zitronensaft zufügen und erneut kurz mixen.

5 Smoothie in Gläser füllen. Übrige Kiwi in Scheiben schneiden. Diese bis zur Mitte einschneiden und an den Glasrand stecken.

TIPP

Wenn Sie gerne pikante Smoothies trinken, verwenden Sie doch einige Papayakerne mit. Sie enthalten wertvolle Inhaltsstoffe und sind ein wahrer Gesundbrunnen.

TROPENGRUSS

1 mittelgroße Mango | ½ Ananas | 1 Maracuja | 1 Handvoll Batavia (70 g) | 1 Handvoll Spinat (100 g) | 1 Handvoll Chicorée (70 g) | ¼ TL gem. Vanille | 250 ml Wasser

Bittersüß und balsamisch

Für 3 Portionen à 300 ml |
5 Min. Zubereitung
Pro Portion ca. 80 kcal, 2 g EW, 1 g F, 16 g KH

1 Mango schälen, den Kern entfernen. Von der Ananas 1 Scheibe abschneiden, beiseitelegen. Übrige Frucht schälen und zerkleinern. Maracuja halbieren und das Fruchtfleisch herausheben. Alles in den Mixer füllen.

2 Batavia waschen, abtropfen lassen und zerkleinern. Den Spinat waschen, verlesen und klein schneiden. Chicorée säubern und vierteln. Alles mit der Vanille in den Mixer geben. Das Wasser hinzufügen und alles zu einem cremigen Smoothie mixen. Übrige Ananas schälen, vom Strunk befreien, würfeln, auf Cocktailspieße stecken und Smoothie damit garnieren.

BULA-BULA-BRAINBOOSTER

2 EL Cranberrys | 100 ml Wasser | 5 gelbe Pflaumen | 2 rohe Kakaobohnen | 2 EL rohes Mandelmus | 1 Handvoll Brennnesseln (100 g) | 1 TL Matcha-Grüntee-Pulver (siehe Glossar S. 58) | 1 TL Waldhonig | 400 ml Wasser

Aromatisch-süßer Wachmacher

Für 3 Portionen à 200 ml |
10 Min. Zubereitung | 3 Std. Einweichen
Pro Portion ca. 150 kcal, 4 g EW, 6 g F, 19 g KH

1 Cranberrys in 100 ml Wasser 2 Std. einweichen, 1 TL abschöpfen und beiseitelegen. Die Pflaumen waschen, entsteinen und halbieren. Zusammen mit Cranberry, Einweichwasser, Kakaobohnen und Mandelmus in den Mixer füllen.

2 Brennnesseln abbrausen, klein schneiden und mit Matcha-Grüntee-Pulver und Honig in den Mixer geben. Wasser zufügen und alles cremig pürieren.

3 Smoothie in Gläser füllen. Die übrigen Cranberry zerkleinern und auf den Smoothie streuen. Frisch und gut gelaunt servieren und genießen.

SCHEHERAZADE

1 große reife Mango | 1 mittelgroßer süßer Apfel | 100 g grüne Weintrauben | ½ Zitrone | 10 Blatt Romanasalat | 10 Schafgarbenblätter | 20 ml Rosenwasser | 2 EL rohes Cashewmus | 500 ml Wasser

Sanft-verführerisch

Für 4 Portionen à 300 ml |
10 Min. Zubereitung
Pro Portion ca. 125 kcal, 2 g EW, 5 g F, 17 g KH

1 Mango waschen und entkernen. Apfel waschen und achteln. Kerngehäuse belassen, Stiel und Blütenansatz entfernen. Die Weintrauben waschen, 4 Trauben beiseitelegen. Zitrone auspressen. Alles mit dem Zitronensaft in den Mixer füllen.

2 Salat und Kräuter waschen. 4 Schafgarbenblättchen beiseitelegen. Übrige klein schneiden und mit Rosenwasser und Cashewmus in den Mixer geben. Das Wasser zufügen, alles zu einem cremigen Smoothie mixen. Übrige Weintrauben oben einschneiden, mit 1 Schafgarbenblatt dekorieren und an jedes Smoothieglas stecken.

GEHEIMER LÖWE

6 reife Pfirsiche | 2 reife Birnen | ¼ Zitrone | 8 Blatt Romanasalat | ½ Handvoll Rucola (20 g) | 1 Handvoll Löwenzahnblätter (35 g) | 400 ml Wasser

Erfrischend

Für 3 Portionen à 300 ml |
5 Min. Zubereitung
Pro Portion ca. 115 kcal, 2 g EW, 1 g F, 24 g KH

1 5 Pfirsiche waschen, entsteinen und vierteln. Die Birnen waschen und vierteln. Kerngehäuse belassen, Stiel und Blütenansatz entfernen. Die Zitrone schälen. Früchte in den Mixer füllen. Romana, Rucola und Löwenzahn waschen. Schlechte Stellen und Blätter entfernen. Einige schöne Löwenzahnblätter beiseitelegen. Übriges Grün klein schneiden und in den Mixer geben.

2 Das Wasser zufügen und alles zu einem cremigen Smoothie mixen. Übrigen Pfirsich waschen, entsteinen, würfeln und auf Holzspieße stecken. Smoothie in Gläser füllen und in jedes Glas je 1 Spieß und übrige Löwenzahnblättchen stellen.

WINTER-SMOOTHIES

In der kalten Jahreszeit verliert die Natur ihr grünes Kleid und wir müssen verstärkt auf Früchte und Blattgemüse aus wärmeren Ländern oder dem Gewächshaus zurückgreifen. Besonders die nährstoffreichen Blätter der Kohl- und Wurzelgemüse sind jetzt eine willkommene Zutat im grünen Smoothie.

TOO SEXY FOR THIS WORLD

Rundumpaket für die Gesundheit: Grapefruit für Cholesterinabbau, Aloe vera zur Zellerneuerung, Gerstengras für Vitamin-Power und Mangold zur Keimabwehr!

2 Grapefruits
2 Orangen
3 Blätter Mangold
1 Blatt Aloe vera (15 cm lang)
2 EL Gerstengras-Pulver (siehe Glossar S. 58)
1 EL Birkensüß (Xylitol)
300 ml Wasser

Für die Deko:
Grapefruitstücke
Gerstengras-Pulver

Für Feinschmecker

Für 3 Portionen à 250 ml | 10 Min. Zubereitung
Pro Portion ca. 120 kcal, 2 g EW, 1 g F, 26 g KH

1 Die Grapefruits schälen und zerteilen, 3 Spalten beiseitelegen. Die Orangen halbieren und auspressen. Grapefruit und Orangensaft in den Mixer füllen.

2 Die Mangoldblätter waschen, abtropfen lassen. Das Blattgrün von den weißen Stielen trennen und klein schneiden. Die Stiele nicht verwenden. Aloe vera waschen und grob zerkleinern. Alles zusammen mit dem Gerstengras-Pulver und dem Birkensüß in den Mixer geben.

3 Das Wasser zufügen. Kurz auf kleiner Stufe starten, dann alles auf höchster Stufe cremig pürieren. Konsistenz und Geschmack prüfen. Nach Belieben Wasser oder Birkensüß zugeben und erneut kurz mixen.

4 Für die Deko übrige Grapefruitspalten vorsichtig filetieren. Dazu die Fruchthaut mit einem scharfen Messer einschneiden und abziehen. Danach das Stück in der Mitte etwas einschneiden. Smoothie in Gläser füllen, das Grapefruitfilet mit etwas Gerstengras-Pulver bestäuben und nach Belieben an den Glasrand stecken. Frisch und gut gelaunt servieren und genießen.

TIPP

Aloe vera gibt es in vielen Bio-Supermärkten als kleine Topfpflanze mit 5 bis 8 Blättern, die zwischen 10 und 20 cm lang sind und sich für den angegebenen Zweck bestens eignen. Gerstengras-Pulver ist ebenfalls in den meisten Bioläden oder im Internet erhältlich. Bitte auf Bioqualität achten!

NOFLU

150 g getrocknete Ananasstücke | 100 ml Wasser | 2 große Orangen | ¼ Zitrone | ¼ Avocado | 5 Stangen Staudensellerie mit Blättern | 1 Blatt Wirsing | 1 Handvoll Bataviasalat (70 g) | 1 Stück Vanilleschote (ca. 1 cm) | 300 ml Wasser | 4 Vanilleschoten (nach Belieben)

Vitamin-C-Doping

Für 4 Portionen à 200 ml |
15 Min. Zubereitung | 3 Std. Einweichen
Pro Portion ca. 195 kcal, 1 g EW, 4 g F, 38 g KH

1 Die getrockneten Ananasstücke etwa 2 Std. in 100 ml Wasser einweichen.

2 Orangen und Zitrone schälen und zerkleinern. Aus der Avocado das Fruchtfleisch löffeln und grob würfeln. Alles zusammen mit den Ananasstücken und dem Einweichwasser in den Mixer füllen.

3 1 Stange Staudensellerie waschen und klein schneiden. Wirsing und Batavia waschen, abtropfen lassen und grob zerkleinern. Die Vanilleschote mit dem Pflanzengrün in den Mixer geben. Das Wasser hinzufügen und alles auf höchster Stufe cremig pürieren.

4 Übrige Selleriestangen auf etwa 20 cm Länge zurechtschneiden. Smoothie in Gläser füllen und je 1 Stange Sellerie sowie nach Belieben 1 Vanilleschote in jedes Glas stellen. Frisch servieren und gut gelaunt genießen.

INFO

Duch ihren hohen Fettgehalt macht Avocado den Smoothie schön cremig. Wer Probleme mit zu hohem Blutdruck hat, darf sie gern zu seinem Lieblingsgemüse erklären!

HAPPY XXL-MAS

4 rohe Walnusskerne | 50 ml Wasser | 4 Mandarinen | 1 Maracuja | 1 EL roher Agavendicksaft | 8 Blätter Eichblattsalat | ½ Handvoll Rucola (40 g) | 1 Prise Zimt | 1 Prise Nelkenpulver | 500 ml Wasser

Weihnachtlich

Für 4 Portionen à 300 ml |
10 Min. Zubereitung | 12 Std. Einweichen
Pro Portion ca. 80 kcal, 2 g EW, 2 g F, 12 g KH

1 Die Walnusskerne am besten über Nacht in 50 ml Wasser einweichen.

2 Die Mandarinen schälen und zerteilen, 4 Spalten beiseitelegen. Maracuja mit einem scharfen Messer halbieren und das Fruchtfleisch herauslöffeln. Beide Zutaten zusammen mit den Walnusskernen, dem Einweichwasser und dem Agavendicksaft in den Mixer füllen.

3 Den Eichblattsalat und den Rucola putzen, waschen, abtropfen lassen, klein schneiden und mit Zimt und Nelkenpulver in den Mixer geben.

4 Das Wasser zufügen. Kurz auf kleiner Stufe starten, dann alles auf höchster Stufe cremig pürieren.

5 Für die Deko übrige Mandarinenspalten mit einem scharfen Messer filetieren. Smoothie in Gläser füllen und Mandarinenfilets nach Belieben an den Rand stecken. Frisch servieren und genießen.

INFO

Ab und zu im grünen Smoothie genossen entfalten Walnüsse eine positive Wirkung auf das Nervensystem und können sogar die Blutfettwerte senken helfen.

IN PARADISE

6 getrocknete Feigen | 100 ml Wasser | 2 Äpfel | ¼ Zitrone | 3 Granatäpfel | 2 Grünkohlblätter | 1 Handvoll Babyspinat (100 g) | 300 ml Wasser

Himmlisch gut

Für 3 Portionen à 300 ml |
15 Min. Zubereitung | 3 Std. Einweichen
Pro Portion ca. 250 kcal, 3 g EW, 2 g F, 52 g KH

1 Die Feigen in 100 ml Wasser 2 Std. einweichen. Die Äpfel waschen und achteln. Kerngehäuse belassen, Stiel und Blütenansatz entfernen. Das Zitronenviertel schälen. 2 Granatäpfel halbieren, in Stücke brechen und die Kerne herauslösen. Den Großteil der weißen Fruchtwände und die Schale nicht verwenden. Alles zusammen mit den Feigen und dem Einweichwasser in den Mixer füllen.

2 Grünkohl und Babyspinat waschen, klein schneiden und in den Mixer geben. Das Wasser zufügen und alles zu einem cremigen Smoothie pürieren. Übrigen Granatapfel mit einem scharfen Messer vierteln und mit dem Smoothie frisch und gut gelaunt genießen.

GREEN DRAGON

1 Drachenfrucht | 2 Clementinen | ½ Zitrone | 8 Blatt Frisée | 50 g Mungbohnensprossen | 250 ml Wasser

Vitaminbombe

Für 3 Portionen à 250 ml |
10 Min. Zubereitung
Pro Portion ca. 45 kcal, 1 g EW, 0 g F, 9 g KH

1 Die Drachenfrucht halbieren, 3 dünne Scheiben abschneiden, beiseitelegen. Übrige Frucht schälen und würfeln. Die Clementinen schälen und vierteln. Die Zitrone schälen. Alles in den Mixer füllen.

2 Den Friséesalat putzen, waschen, kurz abtropfen lassen und klein schneiden. Die Mungbohnensprossen waschen und abtropfen lassen. Lose Schalen möglichst entfernen. Beide Zutaten in den Mixer geben.

3 Das Wasser zufügen. Kurz auf kleiner Stufe starten, dann alles auf höchster Stufe cremig pürieren. Smoothie in Gläser gießen und an jedes Glas eine Scheibe Drachenfrucht stecken.

CHICO CON NÜSSLI

8 Litschis | 1 Banane | 2 Mandarinen | 1 Handvoll Chicorée (100 g) | 1 Handvoll Feldsalat (80 g) | 1 Prise Chilipulver | 250 ml Wasser

Bittersüße Kombi

Für 4 Portionen à 200 ml |
10 Min. Zubereitung
Pro Portion ca. 40 kcal, 1 g EW, 0 g F, 9 g KH

1 Die Litschis schälen, halbieren und entkernen. Die Banane schälen und in mehrere Stücke schneiden. Die Mandarinen schälen, 4 Spalten beiseitelegen. Übriges Obst in den Mixer füllen.

2 Den Chicorée waschen und zerkleinern. Den Feldsalat waschen und putzen. 4 zarte Pflänzchen beiseitelegen. Restlichen Salat zusammen mit dem Chilipulver in den Mixer geben.

3 Das Wasser zufügen. Den Mixer kurz auf kleiner Stufe starten, dann alles auf höchster Stufe cremig pürieren. Den fertigen Smoothie in Gläser füllen und mit je 1 Mandarinenspalte und 1 zarten Feldsalatpflänzchen garnieren.

COOLE KOHL-PARTY

¼ Avocado | 1 mittelgroßer Fenchel | 2 Röschen vom Brokkoli | ½ Zitrone | 1 Blatt Pak Choi | 2 Blätter Grünkohl | 7 Blätter Schwarzkohl | 1 Prise Kardamom | 500 ml Wasser

Bekömmlich

Für 3 Portionen à 300 ml |
10 Min. Zubereitung
Pro Portion ca. 70 kcal, 2 g EW, 5 g F, 4 g KH

1 Das Fruchtfleisch aus der Avocado löffeln. Den Fenchel und die Brokkoliröschen waschen und klein schneiden. Die Zitrone auspressen. Alles zusammen in den Mixer füllen.

2 Kohlblätter waschen, vom Pak Choi 3 Blätter beiseitelegen. Übrigen Kohl klein schneiden und mit dem Kardamom in den Mixer geben.

3 Das Wasser zufügen. Kurz auf kleiner Stufe starten, dann alles auf höchster Stufe cremig pürieren. Smoothie in Gläser füllen und nach Belieben mit 1 Blatt Pak Choi garnieren. Frisch servieren und gut gelaunt genießen.

FROSTSCHUTZ FÜR DIE ZELLEN

4 Datteln (ohne Kern) | 50 ml Wasser | 2 süße Äpfel | 4 mittelgroße Blätter Wirsing | ¼ Salatgurke | 2 cm frischer Ingwer | 2 Handvoll Salatmix (80 g) | 1 Prise Himalaya-Kristallsalz | 450 ml Wasser

Scharf, aber nicht bitter

Für 4 Portionen à 300 ml |
10 Min. Zubereitung | 2 Std. Einweichen
Pro Portion ca. 60 kcal, 1 g EW, 1 g F, 8 g KH

1 Die Datteln 2 Std. in 50 ml Wasser einweichen.

2 Die Äpfel waschen und halbieren, 4 dünne Spalten abschneiden und beiseitelegen. Vom Rest Blütenansatz und Stiel entfernen, Kerngehäuse belassen. Die Äpfel grob zerkleinern. Die Wirsingblätter waschen und zerkleinern. Die Gurke waschen, 4 dünne Scheiben abschneiden und beiseitelegen, den Rest grob zerteilen. Vom Ingwer 4 dünne Scheiben abschneiden und beiseitelegen, den Rest grob zerkleinern, nicht schälen. Alles zusammen in den Mixer füllen. Salatmix und Salz dazugeben.

3 Das Wasser zufügen. Kurz auf kleiner Stufe starten, dann alles auf höchster Stufe cremig pürieren.

4 Konsistenz und Geschmack prüfen. Eventuell noch etwas Wasser hinzugeben und den Smoothie erneut kurz mixen.

5 Smoothie in Gläser füllen. Nach Belieben mit übrigen Apfel-, Gurken- und Ingwerscheiben garnieren und frisch genießen.

INFO

Die Kombination von Ingwer und Wirsing erzeugt eine wunderbar von innen kommende Wärme. Dieser Zaubertrank stärkt zudem die Durchblutung und die Verdauung.

CAESAR'S SMOOTHIE

1 Apfel | ½ Papaya | ½ Orange | ½ Fenchel mit grünem Stängel | 1 Chicorée | 1 Handvoll Spinat (100 g) | 2 EL Brunnenkresse | 1 gehäuften TL Nori-Algenflocken | 300 ml Wasser

fruchtig-bitter

Für 4 Portionen à 250 ml |
10 Min. Zubereitung
Pro Portion ca. 60 kcal, 2 g EW, 1 g F, 8 g KH

1 Den Apfel waschen und achteln. Kerngehäuse belassen, Stiel und Blütenansatz entfernen. Die Papaya entkernen, schälen und in Stücke schneiden. Die Orange schälen und zerkleinern. Alle Früchte in den Mixer füllen.

2 Den Fenchel waschen, von schlechten Stellen befreien, in Stücke schneiden. Den Chicorée waschen und zerkleinern. Den Spinat gründlich waschen, abtropfen lassen und die schlechten Teile entfernen. Klein schneiden und mit den anderen Zutaten in den Mixer geben.

3 Brunnenkresse abbrausen, trocken schütteln und mit 1 TL Nori-Flocken in den Mixer füllen.

4 Das Wasser hinzufügen. Kurz auf kleiner Stufe starten, dann alles auf höchster Stufe pürieren, bis ein cremiger Smoothie entstanden ist. Konsistenz und Geschmack prüfen. Nach Belieben etwas Wasser zugeben und erneut kurz mixen.

5 Smoothie in Gläser füllen und mit übrigen Nori-Flocken bestreuen. Frisch genießen.

INFO

Gerade im Winter sind Meeresalgen eine wertvolle Ergänzung des Speiseplans. Sie werden meist getrocknet angeboten. Unter den vielen Sorten sind heute die Nori-Algen am bekanntesten, da bei Sushi der Reis in sie eingewickelt wird. Achten Sie auf Rohkostqualität!

DIE SPITZE DES EISBERGS

Spitzkohl und Eisbergsalat harmonieren nicht nur sprachlich. Zusammen mit Trockenfrüchten sorgen diese Zutaten für eine angenehme »Raumtemperatur« im Körper.

2 TL Chiasamen (siehe Glossar S. 58)
100 ml Wasser
4 getrocknete Feigen
4 getrocknete Datteln
10 getrocknete Gojibeeren (siehe Glossar S. 58)
100 ml Wasser
½ Spitzkohl (100 g)
½ Eisbergsalat (60 g)
1 TL Moringa-Pulver
1 kleine Prise Muskat
1 Prise Himalaya-Kristallsalz
300 ml Wasser

Aroma-Champion

Für 4 Portionen à 300 ml | 10 Min. Zubereitung | 4 Std. Einweichen
Pro Portion ca. 135 kcal, 3 g EW, 1 g F, 27 g KH

1 Die Chiasamen 4 Std. in 100 ml Wasser einweichen. Von den Feigen den Stielansatz entfernen. Trockenfrüchte und -beeren 2 Std. in 100 ml Wasser einweichen.

2 Spitzkohl und Eisbergsalat im Ganzen waschen und der Länge nach halbieren. Zusammen mit den Chiasamen und Trockenfrüchten samt Einweichwasser in den Mixer füllen.

3 Moringa-Pulver, Muskat und Salz ebenfalls in den Mixer geben.

4 Das Wasser zufügen. Den Mixer kurz auf kleiner Stufe starten, dann alles auf höchster Stufe cremig pürieren.

5 Konsistenz und Geschmack prüfen. Eventuell noch etwas Wasser zugeben und erneut kurz mixen. Den Smoothie in Gläser füllen, frisch servieren und gut gelaunt genießen.

TIPP

Moringa-Pulver dürfen Sie ruhig großzügig verwenden. Die gemahlenen Blätter des indischen Lebensbaums verwöhnen mit einem extrem hohen Gehalt an Protein, Mineralien, Vitaminen, Spurenelementen, Antioxidantien und sekundären Pflanzenstoffen sowie dem essentiellen Botenstoff Zeatin.

SUPERFOODS VON A BIS Z

Superfoods sind Lebensmittel, die eine besonders hohe Vitalstoffdichte aufweisen. Im grünen Smoothie reichen schon geringe Mengen für einen positiven Effekt.

ACAI-PULVER

Die aus dem Amazonasgebiet stammenden Acai-Beeren enthalten besonders viele Antioxidantien, die Alterungsprozesse aufhalten und Krankheiten vorbeugen. Darüber hinaus sind sie reich an wichtigen Vitaminen, Mineralien und essentiellen Fettsäuren. Sie kurbeln den Stoffwechsel an und färben den Smoothie satt dunkelblau.

ALOE VERA

Im alten Ägypten wurde Aloe vera als die Pflanze der Unsterblichkeit bezeichnet. Verwendung findet meist das Gel oder der Saft aus dem Blattinneren. Die vielen positiven Inhaltsstoffe des Kaktusgewächses stärken den Organismus und können selbst die Beschwerden schwerkranker Menschen lindern. Leistungssportler vertrauen auf ihre Wirksamkeit bei Erschöpfung und Verletzungen. Sie kann Alterserscheinungen von Haut und Haaren positiv beeinflussen, kurbelt den Stoffwechsel an und aktiviert das Immunsystem.

CHIASAMEN

Chiasamen dienten bei den Mayas als Grundnahrungs- und Heilmittel. In der modernen Welt gelten sie als wahres Superfood durch ihren hohen Gehalt an Omega-3- und Omega-6-Fettsäuren, Antioxidantien und Mineralien. Ihr Kalziumgehalt ist höher als der von Milch und ihr hoher Eiweißgehalt übersteigt den von anderen Samen und Getreidesorten. Angenehmer Nebeneffekt: Chiasamen erzeugen ein lang anhaltendes Sättigungsgefühl und erleichtern so das Abnehmen.

GERSTENGRAS-PULVER

Gerstengras ist ein hochwertiges Lebensmittel mit einem hohen Nährstoffgehalt und hoher Bioverfügbarkeit. Es ist reich an Vitaminen A, C, B2, B6, B9, Mineralstoffen wie Kalzium, Magnesium, Phosphor, Eisen und enthält viel Chlorophyll. Es hilft Schadstoffe aus dem Körper auszuleiten und unterstützt die Abwehrkräfte.

GOJIBEEREN

Gojibeeren enthalten alle acht lebensnotwendigen Eiweißbausteine (essentielle Aminosäuren), eine Megadosis Vitamin A (Beta-Carotin), Vitamin C und E sowie beachtliche Vitamin-B-Anteile. Auch liefern Gojibeeren 21 wichtige Spurenelemente. Sie sind extrem reich an den einzigartigen Phytonährstoffen Lutein und Zeaxanthin – unersetzlich für Augen und Nerven. Gojibeeren stärken das Immunsystem, hemmen das Wachstum von Krebszellen und heilen Entzündungen im Körper.

Gojibeeren

KAKAOBOHNEN
Durch seinen Gehalt an Theobromin wirkt Kakao bereits in kleinen Mengen anregend auf Körper und Seele. Kakaobohnen sind außerdem vollgepackt mit wichtigen Aminosäuren, Fettsäuren und Antioxidantien. Sie enthalten besonders viel Kalium und Magnesium sowie Kalzium, Phosphor und Kupfer.

Kakaobohnen

KOKOSMUS
Es enthält Laurinsäure, die gegen Viren und Bakterien wirkt, das Hautbild verbessert und Entzündungen hemmt. Die ebenfalls antimikrobiell wirkende Caprylsäure schützt gegen Pilze und wird in vielen Candidapräparaten eingesetzt. Kokosmus enthält wertvolle gesättigte Fettsäuren, die helfen, den Cholesterinspiegel zu senken. An Mineralstoffen dominieren Magnesium, Kalium, Phosphor und Calcium. Bei den Spurenelementen sind Eisen, Mangan, Kupfer und Zink hervorzuheben. Außerdem ist die Kokosnuss reich an B-Vitaminn, an Vitamin E sowie essentiellen Aminosäuren.

MACA
Die Knolle des peruanischen Kressegewächses war bereits bei den Inkas weithin als potenz- und libidosteigerndes Mittel bekannt. Maca senkt den Cholesterinspiegel und beeinflusst die Verdauung positiv. Auf der psychischen Ebene lindert Maca Depressionen und Angstzustände. Auch wird ihm eine positive Wirkung bei Fruchtbarkeitsstörungen nachgesagt.

MATCHA-GRÜNTEE-PULVER
Das grüne Pulver macht durch seinen Gehalt an gebundenem Koffein hellwach und konzentriert, wirkt aber nicht so aufputschend wie Kaffee und hält in seiner Wirkung länger an. Matcha enthält viele Antioxidantien und den natürlichen Wirkstoff Epigallocatechingallat (EGCG), dem viele Heilwirkungen zugeschrieben werden, an erster Stelle der Schutz vor Krebserkrankungen. Matcha-Tee im grünen Smoothie genossen sorgt für einen erfolgreichen Tag.

MORINGA
Die Blätter des indischen Lebensbaums verfügen über einen hohen Eiweißgehalt, viele Mineralien, Vitamine und Spurenelemente. Darüber hinaus sind sie reich an Antioxidanzien, sekundären Pflanzenstoffen sowie dem essentiellen Botenstoff Zeatin. Dem Smoothie wird Moringa in gemahlener Form hinzugefügt.

Matchapulver

SPIRULINA-ALGENPULVER
Die Mikroalge enthält zahlreiche Vitalstoffe und sehr viel Eiweiß. Sie reduziert das Krebsrisiko, stärkt das Blutbild und senkt den Cholesterinspiegel. Auch bei chronisch entzündlichen Erkrankungen sind Heilerfolge nachgewiesen. 1 – 2 Esslöffel im Smoothie erzeugen einen interessanten Geschmack und geben die Gewissheit, wirklich etwas für die Gesundheit zu tun.

REGISTER

Damit Sie Rezepte mit bestimmten Zutaten noch schneller finden, sind in diesem Register auch beliebte Zutaten wie **Apfel** oder **Spinat** alphabetisch eingeordnet und hervorgehoben. Darunter finden Sie das Rezept Ihrer Wahl.

Projektleitung: Monika Greiner
Lektorat: Margarethe Brunner
Korrektorat: Waltraud Schmidt
Innen- und Umschlaggestaltung: independent Medien-Design, Horst Moser, München
Illustrationen: Julia Hollweck
Herstellung: Sigrid Frank
Satz: Kösel, Krugzell
Reproduktion: Medienprinzen, München
Druck und Bindung: Schreckhase, Spangenberg
Syndication: www.jalag-syndication.de
Printed in Germany

3. Auflage 2015
ISBN 978-3-8338-4306-8

www.facebook.com/gu.verlag

GRÄFE UND UNZER
Ein Unternehmen der
GANSKE VERLAGSGRUPPE

Die Autoren

Dr. med Christian Guth setzt grüne Smoothies mit großem Erfolg in der Behandlung seiner Patienten ein. Nach seiner jahrelangen Erfahrung verbessern grüne Smoothies Gesundheit und Fitness. **Burkhard Hickisch** ist Grüne-Smoothie-Enthusiast der ersten Stunde. Als Autor und Vortragsredner hat er schon unzähligen Menschen den grünen Smoothie schmackhaft gemacht. **Martina Dobrovičová** ist Kräuterpädagogin und Ernährungsberaterin, in ihren Kursen zaubert sie köstliche Smoothies für jeden Geschmack und Bedarf.

Danke!

Ein besonderes Dankeschön geht an die Fa. Changefood für die Bereitstellung des RB 500 und des RB 390 in diesem Buch.
www.revoblend.de

Der Fotograf

Jörn Rynio setzt mit einer großen Portion Kreativität Food-Spezialitäten aus aller Welt in Szene. Tatkräftig unterstützt wird der Hamburger Fotograf dabei von Michaela Suchy (Styling) und Rainer Meidinger (Foodstyling).

Bildnachweis

Titelfoto: Anke Schütz;
alle anderen Fotos: Jörn Rynio

QUALITÄTS G|U GARANTIE

Liebe Leserin, lieber Leser,

haben wir Ihre Erwartungen erfüllt? Sind Sie mit diesem Buch zufrieden? Haben Sie weitere Fragen zu diesem Thema? Wir freuen uns auf Ihre Rückmeldung, auf Lob, Kritik und Anregungen, damit wir für Sie immer besser werden können.

GRÄFE UND UNZER Verlag
Leserservice
Postfach 86 03 13
81630 München
E-Mail:
leserservice@graefe-und-unzer.de

Telefon: 00800 / 72 37 33 33*
Telefax: 00800 / 50 12 05 44*
Mo–Do: 8.00–18.00 Uhr
Fr: 8.00–16.00 Uhr
(gebührenfrei in D, A, CH)*

Ihr GRÄFE UND UNZER Verlag
Der erste Ratgeberverlag – seit 1722.

Titelrezepte

Goldener Oktober (S. 42) und Rapunzels grünes Haar (S. 40)

Umwelthinweis:

Dieses Buch ist auf PEFC-zertifiziertem Papier aus nachhaltiger Waldwirtschaft gedruckt.

LEICHTER DURCHS LEBEN
DEIN DIGITALER COACH FÜR MEHR BALANCE
GU BALANCE
www.gu-balance.de
JETZT 10 TAGE KOSTENLOS TESTEN
www.gu-balance.de
BESSER ESSEN
MIT SPASS BEWEGEN
ENDLICH ENTSPANNT
FÜR:

GRÜNER TRINKSPASS FÜR KINDER

Grüne Smoothies stecken voller natürlicher Vitamine und Mineralstoffe – für Kinder ideal! Nur schön süß und cremig müssen sie sein.

GRÜNER HANS IM GLÜCK

Für 4 Gläser (à 200 ml): 1 Banane schälen, grob zerkleinern und in den Mixer geben. 2 Birnen vierteln und mitsamt Schale und Kerngehäuse zu den Bananen geben. 4 Datteln ohne Stein zufügen. 6 Blatt Kopfsalat waschen, kurz abtropfen lassen und mit dem Grün von 1 Möhre zu den restlichen Zutaten in den Mixer geben. Den Behälter mit 500 ml Wasser auffüllen. Kurz auf kleiner Stufe starten, dann alles auf höchster Stufe pürieren, bis der Smoothie cremig ist.

GRÜN GESTIEFELTER KATER

Für 4 Gläser (à 200 ml): 3 süße Äpfel mit Schale und Kerngehäuse vierteln und in den Mixer geben. 4 getrocknete Feigen klein schneiden und dazugeben. 100 g Spinat waschen, verlesen und abtropfen lassen. Zusammen mit 6 jungen Löwenzahnblättern, 1 EL vorgeweichter Chiasamen und 500 ml Wasser zu den übrigen Zutaten in den Mixer geben. Alles auf höchster Stufe so lange pürieren, bis der Smoothie cremig ist.

GRÜNES ASCHENBRÖDEL

Für 4 Gläser (à 200 ml): 2 Bananen schälen, grob zerkleinern und mit 150 g Blaubeeren (frisch oder TK) in den Mixer füllen. 2 EL Kokosöl und 1 TL Birkensüß zufügen. 6 junge Kohlrabiblätter und 6 Stängel jungen Giersch waschen und kurz abtropfen lassen. Zerkleinern und mit 500 ml Wasser zum übrigen Mixgut geben. Den Mixer kurz auf kleiner Stufe starten, dann alles auf höchster Stufe pürieren, bis ein cremiger Smoothie entstanden ist.